¡Y no es porque sea mi hijo!

¡Y no es porque sea mi hijo!

Ricardo López

Número de Control de la Biblioteca del Congreso de EE. UU.:   2015909210
ISBN: Tapa Dura   978-1-5065-0577-0
                         Tapa Blanda   978-1-5065-0576-3
                         Libro Electrónico   978-1-5065-0575-6

Para realizar pedidos de este libro, contacte con:
Palibrio
1663 Liberty Drive
Suite 200
Bloomington, IN 47403
Gratis desde EE. UU. al 877.407.5847
Gratis desde México al 01.800.288.2243
Gratis desde España al 900.866.949
Desde otro país al +1.812.671.9757
Fax: 01.812.355.1576
ventas@palibrio.com
710983

Índice

Y no es porque sea mi hijo pero dificulto...

Niños tan atentos como él...
Tan disciplinadas como ella....
Tan respetuosos como él....

Y no es porque sea mi hijo pero sería realmente de los mejores...

Si el profesor le prestara más atención.....
Si le dieran más oportunidades....
Si no le tuvieran tanta envidia....
Si lo promovieran al nivel que se merece...

Y no es porque sea mi hija....

Pero es la primera de su clase en el Colegio,.....
Hace ballet, flamenco.... y todos la felicitan por sus habilidades...
Es de las mejores en el equipo de (otro deporte)...
Le conseguí un entrenador particular que opina que ella es excelente....

Así que no comprendo por qué me dicen que no se concentra en clases,... que es indisciplinado,... que tiene problemas para coordinar,... se relaciona mal con el resto de los jugadores,... etc., etc.

A MANERA DE INTRODUCCIÓN

El deporte es uno de los fenómenos sociales planetarios más relevantes desde el siglo pasado, a la par de las guerras y los hechos económicos ocupa la atención de un alto número de personas en los más diversos países. El habitante de Sur África como el del Caribe o el europeo conoce y admira por igual a los grandes héroes deportivos de hoy, los que gracias a los sistemas modernos de comunicación han alcanzado la categoría de personajes mitológicos que encarnan el ideal humano en su más elemental expresión: la habilidad y la capacidad física. El campeón de nuestros días se revela como el ídolo de millones de individuos en todo el mundo.

Este desborde del impacto social del deporte y en consecuencia del número de practicantes ha hecho que las disciplinas científicas se ocupen y cada día en mayor profundidad de este fenómeno. La Psicología es una de ellas y ha encontrado en este espacio un campo increíble de aplicación e investigación, y no solo para los psicólogos, para muchos lo que ocurre o deja de ocurrir en el terreno de juego tiene que ver de alguna manera con lo psíquico, como señaló en su tiempo Mark Spitz, una leyenda de la natación, "en el momento de la salida el 90% es mental".

En este texto se hace una aproximación psicológica al deporte desde la perspectiva de la tríada de actores que conforman el núcleo de su realización en los niveles de iniciación y desarrollo: **los entrenadores, los padres y los atletas**. Partimos de la premisa que solo el conocimiento de los campos que abarcan cada uno logrará la interrelación necesaria para que los deportistas en formación puedan realizarse y alcanzar los objetivos educativos, sociales, de salud y deportivos que motivaron su incorporación a la actividad. Además brinda algunos lineamientos metodológicos para que, según las experiencias del autor y la de otros profesionales de diferentes áreas de las ciencias del deporte, los planes y programas de preparación deportiva alcancen sus metas exitosamente.

Este enfoque, sin ser exhaustivo, pretende que las vivencias maravillosas que brinda el deporte puedan ser disfrutadas en toda su plenitud por los participantes, tanto los que ejecutan como los que lo acompañan en la tarea, si se logra aunque solo sea para despertar el interés habrá valido la pena el esfuerzo.

CAPÍTULO 1

¿De qué vamos a hablar?

¿DE QUÉ VAMOS A HABLAR?

Del deporte claro, que a diferencia de la creencia generalizada tiene toda una teoría que lo fundamenta no solo desde el punto de vista de la acción física, sino que hay una extensa literatura médica, sociológica, psicológica, física, matemática y hasta filosófica al respecto.

Comencemos por precisar:

Se define al deporte como una actividad libre, divertida, normada y competitiva que se realiza en un tiempo y espacio determinados (Huizinga, 1968). A diferencia del juego el interés del deporte está más centrado en los resultados que en el proceso mismo para alcanzarlos, lo que a veces trae más problemas que beneficios.

La actividad deportiva organizada responde a instituciones internacionales que reglamentan las conductas de tal manera que lo que hace un jovencito de 10 años en Venezuela, en sus primeros pasos en cualquier deporte, será lo mismo que estaría realizando un jovencito similar en Malasia en ese mismo deporte.

Por otra parte la actividad deportiva puede considerarse desde dos grandes aspectos: El deporte de rendimiento y el deporte de incorporación o de desarrollo. Ambos interactúan en una dinámica en la que el deporte de rendimiento motiva el crecimiento del deporte de incorporación y éste a su vez alimenta con sus mejores individuos al de rendimiento. Como fenómeno social podíamos decir que el boom deportivo está más en relación con el deporte de rendimiento porque en éste es donde están las grandes estrellas, en él se escenifican los grandes espectáculos deportivos.

¿Y lo psicológico? Podemos llamar a la Psicología la ciencia de la conducta, ya sea la conducta observable o la conducta encubierta, la primera es la que vemos que realiza la gente cuando se comporta de cierta manera y la segunda en la que deducimos lo que está ocurriendo en la mente de los sujetos, también cuando se comportan de cierta manera. Hay otras formas de enfocarla que incluye ambos puntos de vista pero por ahora, para nuestro interés, no son tan importantes estas distinciones.

La psicología va asociada al campo de la actividad humana en la que se aplica, por eso se dice psicología escolar, psicología clínica, etc. Nosotros nos ocuparemos de las conductas que ocurren en el campo del deporte que es el terreno de la PSICOLOGIA APLICADA AL DEPORTE.

¡A ESCENA!

Esta obra de tres actos es un verdadero éxito, se ha repetido y por lo visto se seguirá repitiendo infinitamente en muchísimos países.

Personajes: 3 jovencitos, sus respectivos padres y 3 entrenadores, la escena en una instalación de deportes.

PRIMER ACTO

Presentación de los actores....

¿Y cómo llegó ese joven al deporte?

Fue inducido desde la Escuela.
A los padres les gusta el deporte.
Los padres lo decidieron porque es hiperactivo.
Algún familiar le gusta o practica deportes.
Recomendación médica.
Alejarlo de malas compañías.
Influencia de los medios.
Ocurre algún evento deportivo importante que motiva la participación.
Al joven le gustó un deporte en particular por sus propias razones.
No hay donde dejarlo cuando no está en el colegio.

¿Y cómo llegan los Padres?

En la mayoría de los casos los padres no están relacionados directamente con la actividad deportiva organizada, conocen el deporte a través de la TV o porque se ejercitan o practican deportes con los amigos. Hay que imaginar a un padre, con más frecuencia la madre, llegando al club solicitando información sobre las condiciones para que su retoño pueda iniciarse en el deporte, con una idea vaga de cómo se realiza esa disciplina y recibiendo una cantidad de información, en lenguaje técnico, sobre materiales y equipos que van a necesitar de los que no tenía ni idea. Luego comienza a vivir una verdadera aventura: conoce a los entrenadores, unos señores que parecen dueños de todo el conocimiento del mundo que le informan que su representado deberá someterse a una prueba para iniciarse en este nuevo mundo o en su defecto deberá pasar un período de iniciación. En todo caso y a diferencia de las evaluaciones y los períodos de prueba de las escuelas y colegios, los padres son testigos del proceso y sufren horrores viendo como sus hijos o hijas, que en la casa se comían al mundo, parecen unos torpes en la cancha o en el campo. La figura de los padres haciendo señas o dando voces alentando es frecuente en este período (…cierto no solo en este periodo).

¿Y los Entrenadores?

Ellos ya están allí forman parte intrínseca de la obra.

SEGUNDO ACTO

Tenemos los tres actores A, B y C que aprobaron la evaluación inicial y se inician en el mundo del deporte. Lo primero que captura la atención son los uniformes, los materiales, equipos e instalaciones y principalmente la figura del entrenador, ese individuo toda autoridad y conocimiento que controla con tanta facilidad las habilidades del deporte. Y del entrenador, su palabra, que con exactitud, con prodigio, describe cada conducta con precisión en cada momento, que se adelanta a los movimientos y corrige aún antes que se terminen de efectuar. Lo diferente es que al joven A le tocó el entrenador A1, al joven B el entrenador B1y al C el entrenador C1, por lo demás todo es igual: los nervios de la iniciación, la torpeza y distracciones consecuentes, la constante mirada al padre o a la madre que lo observa nervioso desde afuera. Luego de las primeras semanas todo parece fluir pero no exactamente igual, los sujetos A y C parecen aprender más rápido y se observa en ellos un deseo para asistir a los entrenamientos, en cambio el sujeto B es lento, llora con frecuencia o se pelea con sus compañeros y se resiste a ir a las prácticas. Los padres de este niño no encuentran la manera de consultar con el entrenador y cuando lo logran reciben evasivas y comentarios sarcásticos de la manera como ha sido criado el sujeto B. Lo que asombra a los padres es que en la evaluación inicial todos obtuvieron la misma calificación.

TERCER ACTO

Con el tiempo los jóvenes A y C han progresado y elevado su nivel, del joven B nada se sabe es posible que haya abandonado el deporte. El joven A y su entrenador A1 han desarrollado una excelente relación y enfrentan cada reto con optimismo, han convertido la superación de sus propios logros en el objetivo principal y sus padres son un sostén de primer orden. El joven C ha pasado por varios entrenadores porque desde su punto de vista y el de sus padres, ninguno está a la altura de su capacidad o no han sabido desarrollar un plan de trabajo que sea realmente eficiente y descubra al campeón escondido que tiene dentro, los altibajos en su rendimiento son responsabilidad de todo el mundo menos de él.

En esta obra de tres actos podemos destacar varias situaciones que pudieran servir para análisis, explicaciones e interpretaciones diversas pero lo que se quiere relevar es el protagonismo que tienen estos tres actores: el Entrenador, los Padres y el Atleta. Esta tríada será la constante que sirve de hilo conductor en el deporte de estos niveles. Y sobre ellos se tratará en los siguientes capítulos.

CAPÍTULO 2

El Entrenador

EL ENTRENADOR

El entrenador, el profesor, el instructor, el coach, el maestro, el sensei, etc., etc., son algunos de los nombres que se aplican a la persona que se encarga de enseñar, preparar y guiar a los participantes en el mundo de la práctica del deporte.

¿Qué caracteriza a un entrenador?

Muchos factores, desde el sexo hasta el tipo de deportes que práctica, la conducta de un entrenador muchas veces está determinada por las características de la disciplina que enseña, no es lo mismo ser entrenador de deportes de conjunto que de individuales, ni de deportes acuáticos que de artes marciales, pero en todos si se quiere ser realmente un buen entrenador hay que ser un líder con todo lo que esto implica.

Como el deporte es un campo de interrelaciones sociales las características del entrenador juegan un papel preponderante en el buen desarrollo de estas interrelaciones, como dijimos él es el líder el que marca la pauta a seguir para alcanzar los objetivos y, por lo tanto, sus muy individuales maneras de comportarse influenciarán a todo el grupo.

¿Cuáles serían algunas de esas características?

Filosofía
Objetivos
Estilos
Percepción del rol

FILOSOFÍA

Martens (1987) define como filosofía del entrenador a cómo visualiza las experiencias de la vida, como se ve a sí mismos y a su relación con las cosas y personas que les rodean y el valor que le da a todo ello. Su filosofía permite explicar el Qué, el Cómo y el Porqué de lo que hace. Algunos entrenadores por ejemplo no les gustan dar instrucción a niños o a mujeres o a atletas competidores, mientras por otro lado otros les encanta trabajar con algunos de estos grupos. Hay entrenadores que se les dificulta interrelacionarse con el ambiente que rodea a sus atletas otros son los reyes de las relaciones públicas, etc. Todas estas posturas modelan la conducta sobre todo en lo que se refiere a objetivos, estilos y percepción del rol.

OBJETIVOS

Definen hacia donde apuntan los planes y programas de entrenamiento. Su establecimiento responde a una concepción de lo que se quiere lograr como meta, de lo que se considera importante y deseable para sí mismo y para el equipo. Existen varias clasificaciones de los objetivos siempre expresados a lo largo de un continuo entre dos extremos, los entrenadores podemos situarlos en ese continuo como:

- Los orientados a Formar o Ganar o Divertirse (Martens, Christina, Harvey y Sharkey, 1981)
- Los orientados a los Resultados y los orientados al Logro (Balaguer, 1994)
- Los orientados a la Rivalidad y los orientados a la Maestría (Horn, 1992)

En todos los casos la distinción se basa en: (1) el entrenador fundamenta su planificación principalmente en función de ganar la competencia, en algunos casos con un alto costo en el equilibrio emocional y físico del atleta y (2) el interés se centra principalmente en el aprendizaje de la maestría en la ejecución. En ambos casos los resultados competitivos son parejos aunque los que apuntan a la Maestría tardan un poco más en alcanzarlos pero tienen un rendimiento más consistente a largo plazo.

¿Qué distingue a los entrenadores orientados sólo a ganar?

No propician la creatividad y la iniciativa de parte del atleta.

Usan la desvalorización lo que afecta la autoestima.

La comunicación va del entrenador al atleta exclusivamente.

Incentivan la rivalidad.

El reconocimiento al trabajo bien hecho no es sistemático.

Son muy exigentes y mantienen una presión de muy alta intensidad sobre los atletas con un propósito único: Ganar.

¿Por qué un entrenador se comporta de esta manera? Son varias las explicaciones, podría ser porque así aprendió, porque quiere conseguir resultados rápidos, porque tiene expectativas en ocasiones irreales sobre las capacidades de sus atletas, porque les es difícil aceptar que existen diferencias individuales aún entre jóvenes de características similares, porque no respeta o no conoce los procesos de desarrollo evolutivo de los jóvenes y los someten a exigencias que podrían resultar excesivas para su capacidad, porque así siempre la ha ido bien, etc., etc.

¿Y a los entrenadores orientados a logro?

Promueven la realización del máximo esfuerzo, dentro de las capacidades individuales, para obtener la mejor forma.

Uso de la instrucción preferiblemente.

Propicia el orgullo de la tarea bien hecha en la que ganar es solo una consecuencia.

Comunicación va del entrenador al atleta y del atleta al entrenador.

Alto grado de libertad de decisión de parte del atleta.

¿Por qué se comportan así? Porque parten del hecho que ganar en una competencia es un asunto en el que hay tantas variables que están fuera de control que se introducen factores aleatorios difíciles de predecir, lo que sí puede estar controlado es la preparación para rendir al máximo.

ESTILOS

Se refiere a la forma como el entrenador realiza su labor, cómo interactúa con sus atletas en el momento de instruir, de qué manera aborda el proceso de enseñanza aprendizaje de las habilidades deportivas y las estrategias competitivas, cómo implementa los mecanismos disciplinarios y de qué manera participan sus atletas en estos procesos.

Chelladurai (1990) presenta un modelo para el análisis de liderazgo en el terreno deportivo que nos permitirá explicar mejor los estilos de los entrenadores. Este modelo plantea que en el campo del deporte hay tres factores interactuantes: (1) las características de la situación (2) las características del entrenador (3) las características de los deportistas.

¿Cómo se aplica este modelo? Utilicemos casos específicos. El factor situación podría ser por ejemplo un entrenamiento para principiantes o la preparación para disputar una final de una competencia internacional, podría tratarse de un deporte de conjunto infantil o uno profesional, etc., etc. Como se puede inferir cada situación exige de parte del entrenador metodologías diferente en el desarrollo de los niveles técnicos, tácticos y de interrelación con los participantes. El modelo supone que la conducta del líder debería ser la que propicie el mejor rendimiento y satisfacción a los deportistas, pero eso pasa por las características del entrenador y su percepción de sí mismo, de los deportistas y de la situación. Un entrenador **AUTORITARIO** por ejemplo simplemente dispone las conductas a seguir basándose en su propio y único criterio, parte del principio que él posee el conocimiento correcto para alcanzar los objetivos y eso basta. El entrenador **DEMOCRÁTICO PERMISIVO** conoce la situación y consulta con el equipo acerca de la forma como deberían desarrollarse los programas de preparación y se subordina a los planteamientos del grupo, puede decirse que no le gusta establecer controles. El entrenador **DEMOCRATICO COOPERATIVO** conoce las características de la situación, conoce las características del grupo y su estrategia es inducirlos, utilizando sus conocimientos y experiencias y las del propio equipo, hacia las conductas más adecuadas para alcanzar los objetivos. Claro que esto implica ascendencia, conocimiento y madurez para interactuar con las opiniones de los atletas sobre todo cuando se trabaja con equipos de experiencia.

Es interesante acotar que: (1) la práctica muestra que tanto el Autoritario como el Democrático Cooperativo son exitosos con sus equipos (2) que no existen estilos puros, ninguno es absolutamente Autoritario o Democrático, las circunstancias determinan en muchas ocasiones las conductas a desarrollar.

PERCEPCIÓN DEL ROL

La idea que el entrenador tiene de sí mismo y de su responsabilidad como generador de situaciones enriquecedoras para los miembros del equipo y su entorno social es lo que se entiende como Percepción del Rol. Ser entrenador de deportes supone una serie de características y habilidades realmente extraordinarias: debe servir como instructor de la disciplina deportiva, debe tener conocimientos de planificación, metodologías psicopedagógicas, medicina, psicología, nutrición, etc., además en ocasiones de padre sustituto, hermano mayor, maestro y agente de represión. Es de destacar que desarrolla sus actividades en un terreno esencialmente emocional, porque la práctica del deporte lo es, lo que lo coloca en situación de ayudar y apoyar y también desalentar y lesionar física y psicológicamente. Por eso es tan importante la buena formación profesional de los entrenadores y que ellos mismos tengan conciencia de su responsabilidad, asunto que con más frecuencia de lo deseado no se cumple. Implica también que no debe perder de vista que las circunstancias determinarán su conducta, esto porque entrenar deportistas de alto rendimiento o un equipo infantil en un Colegio o un grupo de aficionados adultos en un Club privado o realizar actividades en que el deporte es solo un elemento dentro de la clase de Educación Física, implica claridad del rol que debe cumplir en cada caso.

CAPÍTULO 3

Elementos psicológicos que debe controlar el entrenador

¿QUÉ ELEMENTOS PSICOLÓGICOS DEBE CONTROLAR UN ENTRENADOR DE ÉXITO?

Son muchos pero tres los preponderantes (Martens 1987):

Comunicación
Motivación
Reforzamientos

PRIMER FACTOR PSICOLOGICO: LA COMUNICACIÓN

Se dice que ocurre una comunicación cuando alguien que tiene una idea, un conocimiento o una información logra trasmitírsela a otro u otros. Es importante acotar lo de "logra trasmitírsela a otros", porque el deseo o la intención de comunicar por sí sola no es suficiente, solamente cuando el otro logra entender lo que quiso trasmitírsele podrá decirse que hubo comunicación.

En el deporte la comunicación más frecuente viene dada entre el entrenador y el atleta y un entrenador tiene como primerísima obligación saber llevar el conocimiento a su entrenado, es decir saber comunicarse con él ya sea de manera verbal o no verbal porque los gestos trasmiten información.

FACTORES DE LA COMUNICACIÓN EN EL AMBITO DEL ENTRENAMIENTO DEPORTIVO

El Entrenador (Emisor): Trasmite la información

El Atleta (Receptor): Es quien recibe el mensaje

El Canal: Es el medio por el cual se trasmite el mensaje, puede ser natural, usando la voz o los gestos o artificial usando algún aparato de comunicación.

El Código: Es el vocabulario técnico y personal que usa el entrenador para darse a entender. Debe ser conocido por el atleta por lo que un objetivo en los primeros pasos en el deporte es aprender a través del entrenador este código. El código debe estar adaptado al conocimiento, la edad y las experiencias del atleta.

La Realimentación: Es la manera en la que el atleta, de forma verbal o ejecutando lo que ha aprendido, le informa al entrenador si la comunicación se produjo, es un momento en el que el atleta se convierte en el emisor y es muy importante.

¿Cómo comunicar?

Use canales adecuados

Cuando un entrenador se dirige a su grupo debe cuidar que la información llegue a todos con la misma facilidad, el medio de que se valga para informar estará en función del número de oyentes y las condiciones ambientales, si es en campo abierto o un lugar cerrado o si hay ruidos ambientales ajenos al interés de los objetivos de la comunicación. La distribución de los participantes de manera que se facilite la comunicación también se considera en esta decisión.

Emita mensajes relevantes

La información debe ser completa y satisfacer las necesidades del receptor para entender lo que se le quiere trasmitir, debe ser consistente y directa y no asumir que el oyente sabe o siente lo que el entrenador quiere decir. No debe incluir demasiados elementos no esenciales que aunque eventualmente sirven para reforzar una idea no son el contenido principal, como por ejemplo cuando se utiliza excesivo tiempo en anécdotas personales.

Use comunicación tanto verbal como no verbal

La comunicación no verbal tiene un gran peso en el momento de trasmitir un mensaje, por eso es muy importante que lo que se comunique verbalmente sea congruente con lo que expresa el cuerpo de quien comunica. Cuando el gesto, la postura y la expresión facial no van de acuerdo con la palabra se establece un doble mensaje que crea confusión. Es lo que ocurre cuando el entrenador está molesto o cansado y con su lenguaje corporal transmite esas sensaciones y al mismo tiempo está pidiendo ánimo y esfuerzo al equipo.

Use un lenguaje adecuado al nivel de los oyentes

Se debe utilizar el lenguaje técnico (código) dentro del conocimiento de los oyentes e ir introduciéndolos paulatinamente en las nuevas terminologías, para una mejor comprensión hay que conectar lo nuevo con elementos que ya son del conocimiento de los oyentes, se debe ser redundante es decir repetir lo que se considera importante preferiblemente utilizando diferentes vías (verbal, visual o práctico) para no aburrir.

Sea positivo

Se refiere a la actitud del entrenador y se trasmite con palabras y con gestos demostrando confianza en la capacidad del deportista para aprender el conocimiento que se imparte. Hay que evitar los sarcasmos, las comparaciones negativas y los juicios.

Asegúrese que fue comprendido

Se refiere al tipo de conducta que informa al entrenador sobre qué tanto de lo que se está enseñando fue comprendido por el atleta (realimentación). Se puede obtener información a partir de la observación de la conducta, también oyendo a los participantes y este punto es importante: hay que saber oír. Cuando ocurre que de parte de los alumnos se producen críticas deben atenderse sin ánimo de defenderse, muestre agradecimiento hacia aquellos que expresan su opinión del entrenamiento aunque esta no sea la que esperaba.

PUNTOS A DESTACAR

La comunicación no verbal tiene una importancia enorme en la percepción que tienen los atletas de su entrenador e influye en la calidad de la comunicación. Si tenemos en cuenta que más del 60% de la comunicación es no verbal tendremos una idea del valor de esta.

Algunos tips para mejorar la comunicación no verbal nos lo brinda Rainer Martens en su Coaches Guide to Sport Psychology (1987):

- **Muévase:** No hay peor imagen trasmisora de desgano en una sesión de práctica que un entrenador sentado o dirigiendo a distancia sin salir de un mismo punto.
- **Cuide su apariencia:** Use el uniforme adecuado para su deporte durante el entrenamiento y manténgalo aseado dentro de lo posible. Trate de conservar la apariencia personal por lo menos con él mínimo de imagen de la condición física necesaria para la actividad que está instruyendo.
- **Acérquese a los atletas,** tenga contacto visual, no cruce sus brazos frente a su pecho cuando les hable. Use el contacto físico para demostrar afecto, calmar o interrumpir según sea el contexto. Sin embargo, en ocasión de una explicación que no lo amerite o una situación disciplinaria respete la distancia de aproximación para no crear sensación de amenaza.
- **Cuide el volumen,** el tono, la velocidad y la manera de enunciar las palabras. En ocasiones el sentido de un mensaje se pierde por un tono, la rapidez en el hablar o un volumen inadecuado.
- **Recuerde que el entrenador es un modelo** y todo lo que se refiere al acatamiento de las reglas del deporte, el compañerismo, el respeto al contrario, al uniforme y a las instalaciones, la responsabilidad de estar atento e integrado, de llegar a tiempo, en resumen lo que se entiende por ser un deportista disciplinado en el mejor sentido se aprende, en principio, de la conducta mostrada por el entrenador.

SEGUNDO FACTOR PSICOLOGICO:

La Motivación

Cuando nos preguntamos: ¿Por qué nos comportamos de cierta manera, elegimos algunas actividades y no otras, nos esforzamos en esas actividades o por qué las abandonamos? Estamos hablando de la **Motivación** que es el término utilizado para definir lo que dirige y mantiene la conducta. Una definición más formal sería "la motivación es un proceso dinámico que explica la dirección y la intensidad de la conducta además de su escogencia y permanencia" (Gill, 1986).

Reeve (1994) plantea una serie de preguntas que ilustran lo que señalamos: ¿Qué causa que una atleta entrene... qué condiciones antecedentes activan esa conducta...qué es lo que inicia el comportamiento y qué lo mantiene...por qué la conducta varía en intensidad y se entrena duro y persistente unos días y otros débil y desanimado...por qué hay tantas diferencias individuales y algunos atletas reaccionan distinto ante la misma situación?... La respuesta es porque la Motivación es absolutamente individual (por suerte, se imaginan un mundo en el que a todos nos gustara lo mismo).

Por esto una de las reglas que los entrenadores no pueden perder de vista en la preparación de los deportistas es que necesariamente deben respetar las diferencias individuales. Cada sujeto que hay en la cancha, piscina o campo posee un enfoque distinto del deporte y del entrenador mismo producto de experiencias anteriores y del ambiente del que proviene; posee también aspiraciones y una percepción de sí mismo que dinamiza sus esfuerzos. Algunos jovencitos llegan al deporte inducidos (con amenazas, premios o convencimiento) por sus padres y la escogencia pudiera no corresponderse en absoluto a las preferencias del joven, también hay los que aman un deporte en particular mucho antes de iniciarse formalmente en él. También se dan los casos de niños con una excelente coordinación motora y los de una muy deficiente, los hay tímidos y los hay audaces, etc., etc., todo ello debe ser tomado en cuenta cuando se preparan a deportistas si queremos mantenerlos motivados.

Pero... ¿Cómo se hace eso? ¿Cómo motivar?

Excelentes preguntas, muchas veces en la oportunidad de exponer en Congresos los participantes me han reclamado que los psicólogos nos las pasamos aconsejando sobre la importancia de un manejo cuidadoso de las emociones, las motivaciones, etc., de los atletas pero nunca dan una herramienta concreta para aplicar en el ámbito de cada quien. Eso no es exactamente cierto pero hay algo de razón.

Primero debemos conocer algunos de los tipos de motivación que existen, recordemos que la motivación no existe como una cosa, es lo que se llama "un constructo", es decir un concepto, un término creado que nos permite darle nombre y explicar fenómenos que ocurren en nuestro entorno, es este caso un tipo de conducta que decimos está motivada.

La clasificación más general la divide en dos: (1) **la motivación extrínseca** y (2) **la motivación intrínseca.** (Hay otras clasificaciones como la de Motivación al Logro término muy utilizado cuando se pretende describir las aspiraciones superiores del hombre, pero creemos que para nuestro interés este enfoque cumple con lo queremos decir.)

La Motivación Extrínseca: Es aquella en que la causa de la conducta son los premios y castigos, es decir las personas motivadas externamente se comportan de determinada manera para recibir un incentivo, una ganancia, un reconocimiento de parte del ambiente que le rodea, ya sea familia, compañeros, organizaciones, público, etc., o para evitar sanciones, señalamientos, rechazos, etc.

La Motivación Intrínseca: Es aquella en que la conducta es causada por los propios gustos, la identificación, el querer hacer de los individuos. La causa del comportamiento viene desde el propio sujeto. Es el ideal conductual porque el propio sujeto se autorregula en sus escogencias e intensidades.

En muchos casos la motivación extrínseca precede a la intrínseca como incentivo, como cuando un padre lleva a su hijo para que se inicie en un deporte y le promete algún beneficio extra si acepta participar de buena manera luego, si al jovencito le agrada la actividad, no será necesario otro estímulo para participar que el propio gusto por realizarla. En otros casos la motivación extrínseca apoya a la intrínseca como una medida evaluativa del nivel de desempeño, como cuando a las hazañas deportivas se les hacen reconocimiento y premios. En todo caso hay que señalar que la experiencia muestra que para efecto del mantenimiento de una conducta la motivación intrínseca es la más potente.

¿Cómo se motiva?

Una de las maneras más efectivas de motivar es a través del establecimiento de metas.

¿Por qué el establecimiento de metas?

Porque es una de las maneras más naturales de motivación. Todos los humanos actuamos en base a metas: Porque queremos conseguir algo o queremos evitarlo. Siempre la conducta está motivada por una razón ulterior aunque en algunos casos esto no esté claramente concientizado.

¿Y qué tiene que ver el establecimiento de metas con lo de motivación intrínseca y extrínseca?

Porque alcanzar metas puede brindar satisfacciones en forma de premios y reconocimientos o puede producir satisfacción personal que eleva la autoestima y el sentido del logro.

¿Cuáles son las ventajas de establecer metas?

- **Dirige la atención**: Si existe un objetivo que nos interese de verdad seguramente nos concentraremos en él y será improbable que otros asuntos nos distraigan.
- **Moviliza energías y esfuerzos**: Si estamos concentrados en un objetivo, una aspiración, pondremos todos nuestros recursos para alcanzarla.
- **Prolonga el esfuerzo en el tiempo**: Si hemos determinado un objetivo que nos interesa y estamos concentrados en la tarea de su consecución en la que hemos puesto toda nuestra energía, seguramente no abandonaremos fácilmente el esfuerzo por muy exigente que este sea.
- **Ayuda a elaborar estrategias para conseguir la meta**: Este es un punto muy interesante, la necesidad de movilizar energías en una dirección determinada nos lleva a racionalizar el esfuerzo, a idear formas de multiplicar nuestras posibilidades para alcanzar los objetivos, a elaborar estrategias, a planificar y desarrollarnos.

¿Entonces el secreto para motivar es escoger una meta y ya?

No, las metas responden a característica que deben ser respetadas.

- Ser específicas antes que generales
- Los retos difíciles son mejores que los fáciles
- Deben existir metas intermedias en el camino a las finales.
- Deben haber sido aceptadas por el sujeto.

Veamos...

Específicas antes que generales: Muchas veces hemos oído a los instructores expresar cosas como "para la próxima competencia debemos jugar mejor" o "debes mejorar tu carrera" o "no quiero seguir regalando puntos en los tiros libres, concéntrense" o "para fin de año debemos haber llevado ese peso a lo óptimo", etc., etc. Todos estos deseos son muy buenos y de alguna manera animan a quienes están dirigidos. Pero... ¿Qué significa por ejemplo "llegar a lo óptimo"?, ¿qué es lo óptimo? o "concéntrense". Cuando se establecen metas estas deben estar muy bien determinadas y responder a una situación específica identificada ya sea por observación de conducta, por análisis de resultados o por evaluaciones pedagógicas.

Una meta puede ser entendida como un nivel, un rendimiento, un estado que de alguna manera puedo comparar con un estado anterior y percibir una diferencia, una mejoría producto de un entrenamiento. Como primera conclusión vemos que para poder comparar las metas debe existir la posibilidad de ser medidas de alguna manera, para que entonces puedan por si misma guiar el camino para alcanzarlas. Decir lo "óptimo" no nos da una medida que nos oriente en el trabajo, pero decir por ejemplo que tomando como medida inicial lo que se está realizando en un momento dado lo vamos a mejorar un 20 o un 30 por ciento si nos daría una perspectiva más real. Otro ejemplo nos lo da una palabra muy utilizada en entrenamientos y competencias como lo es "concéntrense", concentrarse en qué, ¿en el otro?, ¿en la pelota?, ¿en el tiempo?, etc., hay que apuntar a la conducta a la que nos referimos y ser específico. Si lo que estamos solicitando es mayor precisión en una habilidad motora deberíamos primero determinar las razones de tipo técnico que subyacen al movimiento errado y sus correlatos psicológicos, establecer el promedio de veces en que esta situación se produce (por ejemplo: 60% de fallos en competencias y 52% en entrenamientos), para luego proyectar una meta de disminución del porcentaje de error, lo que lógicamente guiará la preparación técnico - táctico y psicológica.

Retos difíciles mejor que fáciles: La experiencia muestra (Crespo, Reid y Quinn, 2006) que la dificultad de la tarea es un potente factor en el esfuerzo que los atletas hacen para rendir en ella. Las metas serán retadoras más no imposibles porque pueden producir frustraciones. La determinación del nivel de exigencia está completamente en manos de la experiencia, la preparación y el conocimiento que posee el entrenador de las verdaderas capacidades del atleta.

Intermedias antes que finales: Las metas deben ser asumidas como el final de un proceso, esto significa que el esfuerzo hacia cada nuevo nivel es progresivo y responde a un trabajo a lo largo de un camino en el que se alcanzan metas intermedias que nos informan sobre si estamos en la vía correcta y al hacerlo se convierten en motivadores muy exitosos. Establecer metas intermedias forma parte de la preparación de los atletas. También esta cualidad de las metas exige que para alcanzarlas deben establecerse tiempos de realización, tanto para la meta final como de las intermedias.

Aceptadas por el sujeto: El conocimiento y la aceptación de las metas de parte de los atletas son factores determinantes en el éxito de su consecución porque entre otras cosas crean compromiso e identificación. Uno de los aspectos positivos en el estilo del entrenador Cooperativo del que ya hablamos, es su característica participativa que implica la realización consciente, de parte de los atletas, de las conductas necesarias para alcanzar las metas.

Hemos puesto a prueba una rutina en la que los entrenadores al comenzar cada sesión de entrenamiento conversan con sus equipos sobre las metas que se piensan alcanzar ese día y cómo se insertan en los objetivos de la programación deportiva general luego, al final de la sesión, repiten la conversación para evaluar juntos si se alcanzaron los objetivos y los pormenores personales de cada uno de los participantes. Los resultados de participación y compromiso de los participantes, y esto incluye a los mismos entrenadores, han sido excelentes (Lopez 2012).

TERCER FACTOR PSICOLOGICO:

EL REFORZAMIENTO

Cuando una persona se comporta de cierta manera y como consecuencia de esa conducta ocurre algo que puede ser agradable o desagradable o simplemente no ocurre nada, en los tres casos, esa manera de comportarse se verá afectada y la próxima vez que se presente la ocasión se repetirá la conducta o se eliminará o se variará de alguna manera. Este fenómeno es llamado **Reforzamiento** y se define como la consecuencia de la conducta y es uno de los mecanismos más utilizados en la instrucción y el control del comportamiento.

Si un entrenador dice "excelente jugada", o dice "debo felicitarte por tu disciplina en los últimos entrenamientos, sigue así" o dice "jugaron excelente este es el trabajo de equipo que me enorgullece", o se le entrega a un atleta un reconocimiento público, un trofeo o el mismo atleta ve los resultados de su buena actuación, etc. ¿Qué ocurre? Que la conducta tiende a repetirse, a mantenerse. Es lo que se llama **Reforzamientos Positivos**.

Por otra parte si la conducta desarrollada en un momento dado lo que produce son comentarios adversos o es ignorada o el resultado es contrario a lo esperado o más aún es castigada, esa conducta no se repetirá por lo menos de la misma manera y se extinguirá. Es lo que se llama **Reforzamiento Negativo** (no son exactamente estas las denominaciones en todos los casos, pero para nuestro interés son válidas).

Un punto importante se refiere a la frecuencia con que se administran los refuerzos, si se realizan todas las veces que el sujeto emite la conducta se dice que es **continuo**, si se refuerzan algunas veces sí y otras no, se dice que es **variable**, saber cómo y cuándo aplicarlos es muy importante para que los resultados sean los que se quieren.

¿Entonces si yo quiero cambiar o mantener una conducta lo que debo hacer es reforzarla y ya?

No, los reforzamientos también responden a ciertas características para que puedan ser efectivos.

- Deben administrarse inmediatamente después de que ocurra la conducta a reforzar.
- Cuando se quiere reforzar una conducta nueva el reforzamiento deberá ser continuo
- Cuando se quiere reforzar una conducta sobre la que ya se tiene algún control el reforzamiento será variable.

Un ejemplo para que nos entendamos:

Un jovencito se está iniciando en baloncesto, se encuentra en su primeras clases aprendiendo a controlar el rebote de la pelota, todos y cada uno de los movimientos que realice deben acompañarse de algún tipo de reforzamiento en forma de "bien, muy bien, sigue así, no repítelo, no empujes, mal, así no, ahora sí, bien, así si, vamos, etc., etc.". Como puede apreciarse el reforzamiento, tanto positivo como negativo acompañan todos los movimientos del novato, pero cuando ya el aprendiz domine la pelota solo se le reconocerá de vez en cuando y el reforzamiento continuo pasará al aprendizaje de otra habilidad nueva como la combinación rebote con desplazamiento por ejemplo. Lo que se mantiene igual para todos los casos es que se refuerza inmediatamente después que se ejecuta la conducta, porque si no se hace así, no se asocia el reconocimiento o la penalización con la conducta que se realizó.

Ocurre en algunos entrenamientos con jovencitos en los que uno de ellos se aburre de tener que seguir el ritmo de entrenamiento del resto del equipo, inicia conductas que sabotean la necesaria concentración del grupo y logra involucrar a varios miembros de la clase. Algunos entrenadores se molestan muchísimo y adoptan el castigo para todo el grupo incluyendo hasta los que no participaron en la conducta indisciplinada, otros no toman medidas correctivas sobre el sujeto perturbador, sino esperan que termine la clase o en la próxima sesión hace las observaciones y las amenazas correspondientes. Entonces, con frecuencia, la reacción de los deportistas no se corresponde con lo que el entrenador espera. En algunos casos los jóvenes no recuerdan la situación tal como la plantea el entrenador o no entienden la actitud del entrenador porque su interpretación de lo ocurrido, por efecto del tiempo transcurrido, no se valora igual, etc., etc. Y entonces el aprendizaje que deberían brindar estas situaciones se pierde y lo peor se crean sentimientos negativos en la interrelación personal.

RESUMIENDO

Son tres los factores que hemos señalado como muy importantes en la buena realización de las tareas del entrenador, pero si observamos nos daremos cuenta que se interrelacionan entre si y que la **COMUNICACIÓN** sirve como eje alrededor del cual pivotan todos los demás. Para motivar, para reforzar, para instruir, etc., debo comunicarme y seguir las reglas que ya hemos señalado para su buena ejecución. La **MOTIVACIÓN** cuando se establece en relación a objetivos bien determinados es un potente factor de control de la conducta que da dirección y potencia el esfuerzo y el **REFORZAMIENTO** permite fortalecer las conductas más productivas y eliminar las indeseadas.

CAPÍTULO 4

La preparación deportiva

LA PREPARACIÓN DEPORTIVA

Ahora sabemos que para controlar la conducta:

Debemos comunicar
Debemos motivar
Debemos reforzar

¿Cómo se implementan estos conocimientos en la práctica, en el adiestramiento de cada día, cada mes, cada ciclo?

Estas son preguntas bien interesantes porque en la preparación deportiva entran muchos elementos en función del tipo de deporte, de los objetivos que se desean alcanzar, del nivel y del periodo de preparación en que se encuentran los atletas. Dentro de estas diferencias hay factores que se mantienen para todos, como los señalados arriba, con variaciones según sean las particularidades.

¿Cómo hacer una preparación deportiva?

1. Primero establezca los objetivos.
2. Prepare un plan para alcanzar esos objetivos.

Establecer objetivos implica hacerlo para toda la temporada de preparación que puede ser desde pocos meses hasta plurianual, también deben determinarse objetivos mensuales, semanales y en cada sesión de entrenamiento, es decir, diarios que paradójicamente son los más importantes. La claridad de lo que se quiere alcanzar permite una visión totalizadora aún dentro de las situaciones particulares que pueden presentarse en el día a día del entrenamiento.

Un plan de preparación deportiva deberá cubrir los siguientes aspectos (Martens 1997):

- **Establecer las metas de instrucción.**
- **Seleccionar el contenido de instrucción.**
- **Organizar el contenido de instrucción.**

Establecer las metas de instrucción

Se refiere a lo que se desea alcanzar, deben ser claras y cubrir las expectativas en función de las necesidades. Serán evaluables por lo que se establecen los siguientes criterios de rendimiento:

- El rendimiento debe ser observable y evaluable.
- Debe existir un estándar de comparación que determine si la meta fue alcanzada.
- Deben estar claras las condiciones en que estas evaluaciones se realizarán.

Un ejemplo: En el tenis el aprendizaje del servicio. Se le exige al atleta que ejecute y demuestre tener control de la habilidad cumpliendo las características técnicas de ejecución. Se puede establecer como criterio para determinar si la meta fue alcanzada un porcentaje de realizaciones correctas dentro de un número de ejecuciones.

Seleccionar el contenido de instrucción.

Los contenidos se derivan de las metas, por cada meta se debe preguntar: ¿Qué debe aprenderse para alcanzarla?

Guía para la determinación del contenido:

- ¿Es el contenido el necesario y el mejor para alcanzar las metas?
- Tiempo disponible.
- Instalaciones y equipos.
- Cantidad de sujetos.
- Características de los sujetos:
  Conocimientos previos necesarios.
  Madurez emocional e intelectual para este contenido.
  Capacidad física.

Organizar el contenido

- De lo más sencillo a lo más complejo.
- Determine un tiempo para cada parte de la estructura de instrucción

- Flexibilidad para cambiar el curso del programa si no se están alcanzando los objetivos como fueron planificados.
- No debe esperarse que todos los sujetos aprendan al mismo ritmo y cantidad.

La organización de la preparación deportiva sirve, entre otras cosas, por ejemplo para evitar situaciones como la siguiente: Lugar sala de gimnasia, grupo de niñas y su entrenadora. Luego de iniciar la sesión de entrenamiento pregunta la entrenadora "¿recuerdan el esquema que estuvimos montando la semana pasada?", "sí" responden las niñas, la entrenadora comenta "no recuerdo bien, después de tu entrada cómo seguía?" refiriéndose a una niña, no hay seguridad y se adelantan diferentes alternativas, "no, no era así" insiste la entrenadora revisando sus papeles, hasta que por fin una niña atina y se logra establecer la secuencia completa y la sesión siguió felizmente.

Todo está muy bien pero, ¿Cómo entran en juego lo de motivar, comunicar y reforzar en el plan de preparación?

Estos se desarrollan primordialmente en la sesión de entrenamiento (lo que se hace cada día) que es la célula básica del plan de preparación deportiva.

LA SESIÓN DE ENTRENAMIENTO

Consta de tres partes principales:

- Introducción
- Realización
- Cierre

Introducción

Que a su vez consta de una fase física y una psicopedagógica: Ambas tienen como objetivos activar física y actitudinalmente al sujeto para la tarea que va a realizar. Es el momento de informar sobre los objetivos de la sesión y motivar señalando las ventajas de esos objetivos.

Realización:

Es el entrenamiento propiamente dicho en donde se imparten los conocimientos técnicos y tácticos de la disciplina deportiva y se perfecciona el gesto deportivo en búsqueda de la forma deportiva. Esta fase varía en su desarrollo en función de las particularidades del tipo de deporte, el momento del plan de preparación, las características de los deportistas, etc. Sin embargo, en líneas generales, se deben cumplir una serie de principios que guían su desarrollo

Principios para una Práctica Efectiva y Eficiente. (Martens 1997)

- Las prácticas deben ser cortas y frecuentes cuando se aprende una habilidad nueva.
- Practique las habilidades bajo condiciones de competencias tan pronto se controle el movimiento.
- Todos los atletas deben estar practicando algo durante el entrenamiento.
- Utilice al máximo los equipos y facilidades con que cuente.
- Los atletas deben alcanzar algún éxito durante la práctica y Ud. debe facilitarlo y reconocerlo. El esfuerzo puede considerarse éxito.
- Crear en el entrenamiento un ambiente donde el atleta no tenga miedo a equivocarse. Maneje adecuadamente los reforzamientos con énfasis en los positivos y la instrucción, convierta los reforzamientos negativos en instrucción siempre que se pueda.
- Permita que el atleta, cuando su capacidad lo permita, participe en la planificación de las prácticas.
- Enfatice la importancia de una buena sesión de entrenamiento para optimizar el rendimiento.
- Tome tiempo aparte para practicar habilidades que se necesitan mejorar. Si sólo se trabajan sobre habilidades nuevas y las anteriores no son revisadas para controlar su eficacia, se corre el riego de frustrar a los deportistas que no hayan tenido la oportunidad de corregir y/o mejorar.
- El entrenamiento debe ser divertido. No significa perder los objetivos centrales de la sesión, significa variar, alternar, ser creativo en la enseñanza de la ejecución de habilidades motoras.

Algunos deportistas que son sometidos a situaciones de reforzamientos negativos en las sesiones de entrenamiento, sobre todo los que se hacen con burla, comparaciones y parodias delante de sus compañeros, son susceptibles de convertirse en sujetos con mucho miedo a equivocarse y se hacen inseguros, poco audaces y muy cuidadosos de exponerse a cometer errores. Entre otras cosas, estos sujetos evitan las competencias porque estas implican necesariamente una comparación social y cuando se ven en tal situación estas son fuente de estados de ansiedad.

Cierre:

Consta también de una fase física y una psicopedagógica: Para bajar la activación física de los participantes y llevarlos a un estado de recuperación y para concientizarles la calidad del esfuerzo realizado (insistirles sobre los objetivos alcanzados) y motivarlos para los siguientes entrenamientos.

Un punto interesante para aquellos entrenadores que mantienen regularmente conductas punitivas y descalificadoras con sus dirigidos (y quieran cambiarlas, claro está), sería hacer un listado de las frases y actitudes de este tipo que utiliza con mayor frecuencia, eso incluiría palabras, gestos, comparaciones, etc. Si le es difícil determinarlas dígale a alguna persona de confianza que lo observe y haga un registro por tipo y frecuencia. Léalas varias veces y luego cada vez que las haga dígase a sí mismo "estoy repitiendo el error" y busque una alternativa, la sola concientización lo ayudará a eliminarlas funciona como un autoreforzamiento.

Algunas de las consideraciones a tenerse en cuenta en la preparación deportiva deberían responder a las clásicas preguntas de la programación de actividades:

- ¿A quién voy a preparar? No perder de vista que cada sujeto es una individualidad muy particular y se integrará al entrenamiento desde sus muy particulares características.
- ¿Qué voy a enseñar? Cuáles son las necesidades que exige la especialidad deportiva, del equipo y de este deportista en particular.
- ¿Cuándo lo voy hacer? Esta pregunta implica el tiempo disponible para cada sesión de entrenamiento, los objetivos que se quieren alcanzar y los tiempos que se disponen para lograrlos más el tiempo que los sujetos pueden dedicar a su preparación.
- ¿Dónde lo voy hacer? Implica instalaciones y equipos necesarios para cada actividad y nivel de los deportistas. No son las mismas necesidades la preparación para un intercambio a nivel de clubes, que la preparación de un equipo representativo del país.
- ¿Por qué lo voy hacer? Una interrogante que supone la claridad sobre su rol como entrenador y qué objetivos cree que pudieran alcanzarse con sus entrenados.
- ¿Cómo lo voy hacer? Esta pregunta implica la filosofía del entrenador, sus estilos, sus objetivos y sus conocimientos.

Una máxima que no se debe olvidar "el entrenamiento no hace la perfección, la perfección del entrenamiento hace la perfección"

CAPÍTULO 5

Los Padres

LOS PADRES

Y no es porque sea mi hija, pero lo que sucede es que la envidia los consume, por eso yo le digo a mi hija que los ponga en su lugar y no se mezcle con esos mediocres, es mejor estar sola que mal acompañada....

Yo sí, no tengo por qué quedarme callada y le grité cuatro cosas al árbitro, mi hijo se moría de la pena pero no me la calaba...

Y no es porque sea mi hija pero es increíble la preferencia de ese entrenador por la hija de fulano pero esto no puede seguir así, ya se lo dije a mi hija...

Ya se lo dije a mi hijo que el uniforme, la raqueta, los zapatos y todo ese perolero me habían costado una fortuna además del tiempo que perdí viniendo a esta competencia para que el venga y pierda ese juego...

Si hiciéramos una encuesta entre los entrenadores y directivos en los niveles infantil y juvenil sobre la manera como los padres participan en el desarrollo deportivo de sus hijos, los resultados expresarían un sentimiento de rechazo casi unánime. Circunstancia realmente sorprendente porque cómo señalábamos, los padres son parte de la tríada que sirve de hilo conductor en el deporte principalmente en el de iniciación. Tratemos de revisar las circunstancias y sus actores para tener una visión objetiva.

Lo primero sería aclarar que, en la mayoría de los casos, quienes incorporan al jovencito al deporte son los padres, ellos son los proveedores de esa motivación inicial y del soporte económico y emocional ante este nuevo mundo que se le abre al novicio. También que detrás de casi todos los grandes atletas hay o hubo unos padres dedicados, a pesar de la opinión de los entrenadores. Entonces ¿qué es lo que sucede aquí?

Veamos...

En los primeros momentos, cuando llega el niño al deporte organizado, las relaciones de los padres con los entrenadores, los directivos y los otros padres son de camaradería y colaboración, de indagación sobre las características de este ambiente que, así como para los hijos, es totalmente nuevo para ellos. En la mayoría de los casos estos padres habían tenido poca oportunidad de estar cerca de la práctica sistemática de la actividad física, del vocabulario específico no sólo de la disciplina deportiva escogida, ya de por sí complejo, sino de la jerga utilizada para describir actividades de preparación que implica en muchos casos darle el nombre técnico a diferentes acciones y partes del organismo. Palabras como aeróbico, anaeróbico, potencia, gemelos, meniscos, coordinación ojo-pie, halar agua, remate, ne waza, peto, romper servicio, etc., etc., pasan a formar parte del hablar cotidiano aún para entenderse con los hijos. Por otra parte también se ven expuesto a los efectos de la comparación social, porque de alguna manera lo que sucede en el área de práctica deportiva se refleja en el área de observación que es donde regularmente se encuentran los padres, es aquí entonces donde los niños que aprenden más rápido hacen quedar como lentos a los que no tienen esas cualidades y eso se refleja en el ego de los padres tanto de uno como de los otros, aunque realmente el impacto de la comparación es mayor en el área de los padres que en el área de los deportistas, porque para el entrenador y el niño mismo esas situaciones son normales y se toman con naturalidad. Por eso vemos a algunos padres comentándole al niño(a) sobre situaciones que ocurrieron en los entrenamientos que ni el entrenador, ni los otros niños, ni su propio hijo tomaron en cuenta y como consecuencia de esta intromisión alteran la percepción que sobre sí mismo y sobre los otros tiene el jovencito(a). Esta intervención, en algunos casos, puede ser tanto para censurar la actuación del hijo(a) como de exaltarla descalificando a los otros participantes.

A medida que el niño avanza en su desarrollo como deportista también los padres van cambiando en su interrelación con este nuevo ambiente y reaccionando a las exigencias sociales y económicas que las nuevas circunstancias imponen. López (1987) clasifica a los padres en función de los niveles de interrelación en dos tipos:

Los Padres no Involucrados y los Padres Involucrados.

Los no involucrados utilizan el espacio donde el niño realiza su práctica en una especie de guardería que les permite mantener al niño ocupado mientras atienden otras responsabilidades, lo que es válido sólo hasta cierto límite porque la actividad en la que el niño se está desarrollando puede hacerse mucho más exigente y crearse necesidades emocionales importantes que canalizará a través del entrenador o algún otro agente lo que no es recomendable.

Los involucrados se dividen a su vez en dos:

Los Involucrados Positivamente y los Involucrados Negativamente.

Los involucrados positivamente se caracterizan por la **Diferenciación**, participan activamente en el desarrollo deportivo de su hijo(a) como un soporte afectivo y económico, respetando su individualidad, sus características, deseos y motivaciones particulares, no pierden de vista que ellos no son una versión adulta del hijo(a). Estos padres, establecen lazos de comunicación importantes con su hijo(a) y con el ambiente que lo rodea, tratan, aliándose con otros padres, de facilitar el proceso exitoso de las actividades que propician el buen desarrollo de los programas de preparación deportiva, saben que alcanzar los objetivos del grupo beneficiará los de su hijo(a).

Los negativos se caracterizan por la **Indiferenciación** porque convierten el desarrollo deportivo del joven en su propia proyección personal. Aíslan al joven del grupo para implementar una agenda propia, los someten a una carga emocional y hasta física absolutamente reñida con los principios del buen entrenamiento y con los del deporte mismo como medio para el crecimiento social y psíquico. Los triunfos y fracasos normales en toda actividad humana son asumidos o como logros individuales o como afrentas a su yo en las que la culpa es siempre de los demás. No hacen un análisis para la explicación, se busca una justificación y una culpa.

"Realmente fue una lección dura pero creo que me la merecía, años luchando con esa muchacha para que pudiera llegar al nacional directamente sin pasar por clasificatorios. Le conseguí entrenadores adicionales, horas extras de mejoramiento físico, su papa y yo le hablábamos continuamente; cuántos fines de semana sacrificó la familia para acompañarla a actividades de preparación individualizadas sin contar las que se correspondían a su programa regular, hasta nos peleamos con su entrenador porque nos criticaba la manera como la hacíamos trabajar, dígame ¡venir a decirme a mi cómo tratar a mi hija! pensaba yo. Cuando por fin se alcanzó la meta ¿sabes qué hizo? Frente a todas mis amigas me dijo, mamá te complací estoy en el nacional sin pasar por clasificatorios, y cuando fui a darle un beso me entregó su raqueta y agregó: quédate con ella porque no quiero saber más de tenis, déjame en paz".

¿Realmente los padres son un factor tan negativo? La experiencia de consulta, observación e intervención con deportistas, padres y entrenadores me ha demostrado que a lo sumo un 20% de los padres responden a este patrón de conducta, lo que sucede es que son muy activos y llegan a influenciar tanto el contexto (otros padres, entrenadores y autoridades) que dan la sensación de ser una generalidad.

El análisis de la conducta de los participantes en el ambiente deportivo está enmarcado por las características individuales de cada uno de ellos más las características del deporte mismo, lo que se promueve es que las del deporte unifique la de los participantes. Las características de los entrenadores ya fueron revisadas en el capítulo dos pero los padres responden a tantos factores que no se relacionan con el deporte que parecería una misión imposible.

Encontrar factores que nos sirvan de parámetros para la explicación de cómo y por qué se producen determinadas conductas, sin calificarlas, pudiera eventualmente llevarnos a desarrollar estrategias que integren aún más a los padres como elementos para el beneficio del niño y del deporte.

Un primer acercamiento podría partir de las razones por la que los padres llevan al niño a la actividad deportiva, ya señalábamos antes algunas de las más frecuentes: A los padres les gusta el deporte, los padres lo decidieron porque el niño es hiperactivo o porque no hay donde dejar al joven cuando no está en el colegio y por lo tanto hay que ocuparlo, para alejarlo de malas compañías, porque algún familiar le gusta o practica deportes y les vendió la idea, por recomendación médica o fue inducido desde la Escuela, por influencia de los medios cuando ocurre algún evento deportivo importante que motiva la participación o porque al joven le gustó un deporte en particular por sus propias razones. Pudieran haber muchas otras pero estas son las más frecuentes. ¿Podría establecerse alguna diferenciación de conducta entre los padres por las razones por las que llegaron al deporte? No parece ser así, salvo algunos casos muy aislados generalmente asociados al conocimiento previo de la disciplina deportiva que eventualmente tengan algunos padres, en general la conducta inicial es muy homogénea y responde a la natural curiosidad sobre los detalles de las ocurrencias en los espacios en donde los jóvenes dan sus primeros pasos en el deporte.

Si esto es así el cambio parece iniciarse a partir de las situaciones que se presentan cuando ya el joven avanza como practicante y se comienza la competencia deportiva. En este momento se desarrollan algunos fenómenos interesantes tanto en los deportistas como en los entrenadores y los padres. Por un lado los entrenadores y los deportistas inician una preparación con metodologías y exigencias más complejas, ya no se entrena únicamente para la salud o para divertirse y pasar el rato, se entrena para ganar. Por otro lado los padres se han familiarizado, de forma si se quiere autodidacta, en esas metodologías y quieren participar de manera más activa en su desarrollo, sobre todo si se tiene en cuenta que las exigencias de tiempo y financieras han aumentado considerablemente e involucran a toda la familia. Este es un momento muy importante en el que un enfoque de integración, de la promoción de la comunicación entre los participantes podría guiar positivamente el desarrollo deportivo del joven. Pero por alguna extraña razón algunos entrenadores se encierran en una burbuja con el atleta y sus contactos con los padres son de muy limitada información. Esta situación se describe muy bien en un trabajo realizado en el Instituto Manuel Fajardo en Cuba con atletas de boxeo de 13 y 14 años (González y Domínguez, 2009) en el que se determina como elementos que atentan contra el buen desarrollo deportivo los siguientes:

- Padres sin experiencia en preparar a sus hijos en aspectos básicos.
- Poca o nula información específica a los padres por parte del entrenador del niño.
- Padres que pierden la confianza en los entrenadores o directivos por considerar que han hecho manejos inoportunos y fuera de lugar con su hijo.
- Rivalidad excesiva entre los padres.
- Niños presionados por sus padres para el logro de los resultados.
- Padres que se toman las atribuciones de orientar y decidir en situaciones físicas y técnico - tácticas.
- Falta de comunicación o uso de vías comunicacionales no adecuadas entre entrenador y padre.

El inicio de su vida como competidor es un momento importante en la vida del atleta y de los padres, la Competencia como la define Gill (1986): "Es una situación de logro social, de comparación social, que es percibida como una evaluación." Al ser una situación de logro social involucra al Ego y dependiendo del tipo de personalidad del sujeto se activarían diferentes maneras de asumir el fenómeno, en algunos casos, los llamados Involucrados Negativos tienden a enfocar la competencia como una rivalidad en la que el contrario no es un adversario sino un enemigo. Esta circunstancia hace que se incite a los jóvenes a romper las reglas del juego, a emitir conductas moralmente cuestionables y no asumir sus propias responsabilidades, a su vez, desarrollan agendas de preparación deportiva paralelas que en muchos casos, paradójicamente, limitan el rendimiento de sus hijos de lo que, en su frustración, culpan a los otros en un círculo interminable.

Campeonato Nacional de Judo Femenino, combate preliminar categoría 13 años, la judoka A logra puntuación de ventaja que mantiene hasta pocos segundos antes de finalizar la competencia en que la judoka B logra una puntuación más importante y gana. El árbitro declara a la ganadora se saludan y se dan la mano, la judoka perdedora abandona el área llorando por la oportunidad perdida y se dirige hacia sus compañeras, nada extraordinario y situación corriente en estas circunstancias. Pero inesperadamente la madre de la ganadora se aproxima al grupo y delante de todo el mundo le dice "¿Por qué lloras? ¿Es que acaso tú creíste en algún momento que podrías ganarle a mi hija? ¡Estás loca! Ante la protesta de los adultos presentes da la espalda y se va con su hija a la que le ha brindado una verdadera cátedra de deportivismo.

Otro aspecto de relevancia es el efecto que las actividades de preparación y las de competencia producen sobre el grupo familiar, sobre todo si el deportista muestra condiciones para alcanzar rendimientos sobresalientes. Como señala López (1987) "Otro aspecto ... es la situación emocional, financiera, de esfuerzo y tiempo que implica un atleta joven que sea talento deportivo en el equilibrio de la dinámica familiar.... la participación de la familia puede leerse como un continuo que va de la incentivación de la conducta del joven que se inicia en actividades deportivas y que, dirigido por sus padres y junto a sus hermanos, experimenta las primeras experiencias en este campo, hasta el atleta formado o en pleno desarrollo, para quien los padres son sus seguidores y apoyo y para los cuales su actividad tiene absoluta prioridad... por lo que la familia deberá reestructurar tiempo de atención y esfuerzo económico ... para ayudar al miembro que afronta las exigencias de la competencia deportiva de alto nivel, creándose una situación que podría afectar negativamente el equilibrio en las interacciones de este núcleo social." Poco se ha dicho de los jóvenes hermanos de los competidores, que no practican esa disciplina deportiva y que ven relegado sus intereses, tiempo libre y aún sus propios logros a los del talento deportivo de la familia. Côté (1999) divide la vida de los jóvenes deportistas en tres etapas que van de los niveles de novato en el que se asumen al deporte como una actividad de diversión y complementaria, para el joven y para su familia, pasa luego por una etapa de perfeccionamiento en la que su interés en la actividad es más profundo y especializado y comienzan las exigencias de tiempo, atención y costos a ser mayores y una tercera etapa de alto rendimiento en que "el papel de seguidores y de apoyo de los padres los lleva a sacrificar sus propias vidas y la de la familia a favor de facilitar la óptima preparación del deportista destacado.... ese giro de recursos y atención repercute en ocasiones en los hermanos creando celos y resentimientos"

La participación de los padres en el desarrollo deportivo de los hijos puede resultar un compromiso muy serio y muy complejo que no debería tomarse de la manera informal, minimizándola, como regularmente se aborda. Es necesario que se establezcan mecanismo de integración para que la tríada padres − entrenadores − atletas sea eficiente y sana para todos los actores. Y no es como se pretende en muchos casos que los padres sean unos convidados de piedra que digan amén a todo los que los entrenadores y directivos les planteen, a cuenta del desconocimiento de las características de la preparación deportiva de éstos.

Generalmente los jóvenes que se inician en el mundo de la competición deportiva no reciben, en sus primeras experiencias, apoyo económico de las organizaciones deportivas oficiales o privadas para cumplir con los compromisos en los que deben participar para ganarse un puesto dentro de los equipos representativos de su estado o región. Esto obliga a que estos gastos sean asumidos por sus padres y esto significa costear traslado al sitio, dentro o fuera del país, su estadía y alimentación, los costos de inscripción en los eventos además de los generados por los mismos padres que acompañan al joven. En otros casos deben llevar a un entrenador, con todos los gastos pagos, para que acompañe al o los deportistas lo que se traduce en una carga económica importante que, para efecto de la dirigencia, nunca es contabilizada ni reconocida.

ESTRATEGIAS DE INTEGRACIÓN

Como decíamos es muy importante un enfoque de integración, de la promoción de la comunicación entre los participantes que pueda guiar positivamente el desarrollo deportivo del joven y debe venir tanto de parte de la organización, como de los entrenadores y de los padres.

De las Organizaciones Deportivas

Clubes, ligas, asociaciones, etc., etc., como organismos coordinadores de la actividad deportiva, generalmente tienen la responsabilidad de establecer las estrategias en el desarrollo de los programas deportivos. Esta situación les permite estructurar metodologías de integración entre todos los participantes en la formación deportiva de los atletas y cuidar que estos alcancen los resultados esperados. Al hacer explícitas las pautas de conducta a los que comienzan en el mundo del deporte se logra una visión totalizadora desde los primeros momentos en que se incorporan a este nuevo espacio. Por ejemplo, la recepción de los nuevos participantes debería incluir información para padres y jóvenes acerca de cómo y para qué son las actividades que se van a desarrollar, cuales son las reglas de conducta en este ambiente, de la importancia del interés que se espera del atleta y del padre en el cumplimiento de las nuevas exigencias, de los beneficios específicos que la disciplina brinda para la formación física, mental y social, de las posibilidades a futuro que eventualmente podrían brindarles el deporte, etc. Hay que provocar, sin crear escenarios dramáticos y a través de una información sencilla, un interés amplio de los fines y los programas a desarrollar.

Algunas organizaciones deportivas, en busca de estos objetivos, han propiciado la creación de las llamadas Escuela para Padres en el Deporte o los Comités o Junta de Representantes. Estos grupos lo conforman los padres mismos y a través de ellos, tanto entrenadores como dirigentes, mantienen un flujo continuo de información sobre las actividades de entrenamiento y competencias a los que se van a someter a los jóvenes; también se dictan charlas de capacitación para los padres que quisieran apoyar las tareas de la organización ya sea como auxiliar de mesa en las competencias, como acompañantes de los competidores cuando deban viajar en grupo, lo que minimiza los costos, como promotores de actividades para conseguir fondos que ayuden en la compra de materiales para todo el equipo y lo más importante integrarlos al equipo como un miembro más que ha concientizado que, como señalábamos, el bienestar de todos es también el de su hijo.

Una metodología de la que podrían servirse las organizaciones deportivas para incorporar a los padres al buen desarrollo de las actividades de preparación de los deportistas, y a la vez tener una visión externa importante del alcance de los objetivos es a través de la elaboración de instrumentos que recojan opinión sobre aspectos estratégicos en la formación de los jóvenes. La información obtenida le serviría tanto a las organizaciones como a los entrenadores para optimizar los programas y reorientar enfoques y creencias.

De los Entrenadores

Son el eje sobre el cual pivota fundamentalmente toda la dinámica de participación e integración a la que nos referimos. De su comprensión de los fenómenos sociales que rodean la preparación deportiva de sus atletas dependerá el buen equilibrio de todos los factores involucrados en ésta. Uno de los temas que deben interesar a los entrenadores son las características individuales de sus alumnos y el ambiente social del que proviene, lo que implica conocer a la familia del jovencito(a). Con esta interacción es posible obtener datos importantes de la conducta del deportista a través de la información de los padres y a su vez solicitarles apoyo para el buen desempeño del deportista. Elaborar un informe trimestral o semestral para los padres, según las posibilidades, sobre el progreso de su representado ayudaría a crear un vínculo muy importante; explicarles los objetivos a alcanzar por períodos de tiempo y un resumen de las actividades que se van a desarrollar en busca de esos objetivos facilitaría la identificación de los padres con la labor del entrenador. El entrenador no debe perder de vista que son los padres quienes sustentan la participación del joven deportista.

De los Padres

La relación de los padres con la actividad deportiva comienza desde el primer día en que los hijos se inician en el deporte, como señalábamos previamente este es un mundo absolutamente novedoso tanto para el jovencito como para los padres, no el deporte propiamente dicho del que seguramente tenían conocimientos, sino de la organizaciones en las que se forman y desarrollan los deportistas y de todos los mecanismos metodológicos y burocráticos que implican. Pero en general hay dos momentos que abarcan casi toda la actividad del joven en el deporte: el entrenamiento y la competencia; y es sobre estos en los que algunas recomendaciones podrían facilitar el mejor desenvolvimiento de las interrelaciones en este campo.

La primera responsabilidad de los padres sería asegurarse que el jovencito está en condiciones de practicar la disciplina en la que planea ingresar, por lo que sería aconsejable que se le hiciera un reconocimiento médico. Sabemos que esta prevención es casi inexistente pero no debería dejarse a la ligera porque por ejemplo, unos pies planos o un problema de columna o alguna condición cardíaca podrían agravarse en algunos deportes. Algunas organizaciones exigen un certificado médico o proveen ellas mismas el servicio pero esa no es la generalidad. Solo deberían indicarle al médico el deporte que se planea practicar y si es un especialista en medicina del deporte acreditado mejor.

En algunos deportes, como el tenis por ejemplo, las cargas de trabajo exigen conductas motoras intensas y además son unilaterales, es decir, los practicantes utilizan solamente su mano dominante. Si los iniciantes tuviesen algún problema en la columna vertebral o de pies planos o malformaciones en las piernas esto podría afectar el desempeño del joven y lastimarlo física y emocionalmente, porque se haría muy lento su aprendizaje y pueden sufrir afecciones dolorosas. Y así como el tenis, el atletismo, el futbol y los deportes de combate entre otros.

TIPS DE INTEGRACIÓN PARA LOS PADRES (2012

Liberty Mutual Insurance and Positive Coaching Alliance.)

- Desde el momento en el que joven se inicia haga contacto con el entrenador, preséntese Ud. mismo y ofrézcale apoyo para la mejor realización de la actividad. Conozca la estructura del Club, Escuela, Liga, etc. en la que se inscribió y cuáles son las normas de conducta que se aplican para los miembros.
- Las conversaciones con el joven deben ser entre iguales no entre un sujeto que da instrucciones para que sea un atleta, sino como un amigo que apoya en el aprendizaje.
- Trate de que su hijo (a) hable sobre su experiencia en entrenamiento o en el juego así que trate de no hacer preguntas que se contesten con un "si" o "no". Indague algo como ¿qué fue lo mejor de hoy?, ¿qué fue lo que no salió como querías?, ¿lo que aprendiste te puede ayudar en el futuro? Etc.
- Demuestre que está escuchando ya sea por contacto visual o por gestos y sonidos.
- Puede plantear conversaciones más amplias con temas como "de lo aprendido esta semana, ¿qué crees que pudieras aplicar en otros momentos, competencias o entrenamientos?

Evite la tentación de guiar la respuestas o la reflexiones a las conclusiones que quisiera escuchar, debe ayudar a concretar una idea no a venderle la suya.

- En la participación con el grupo después de un entrenamiento o juego tenga palabras de aliento para todo el grupo. Cuando al joven se le reproche en el campo por errores o faltas, manténgase fuera y bríndele apoyo sin desautorizar al técnico.
- Demuéstrele orgullo por el esfuerzo realizado independientemente del resultado.

CONSEJOS PARA EL DÍA DE LA COMPETICIÓN

Antes de la competición:

- Hágale saber a su hijo lo orgulloso que están de él independientemente de su rendimiento.
- Recuérdele que juegue con determinación y se divierta insístales en que los nervios son normales y necesarios.
- Recuérdele que sea un buen deportista y respete las reglas no importa lo que hagan los demás.

Durante la competición:

- Deje que el entrenador se ocupe de lo que se deba hacer durante la competición, no de instrucciones a su hijo ni a otros del equipo.
- Dele apoyo emocional a todo el equipo.
- Aplauda las buenas jugadas de ambos competidores o equipos.

Después de la competición:

- En la comunicación no imponga los temas, generalmente después de una competencia que no terminó bien hay mucha emoción para plantear conversaciones, espere y cuando el muestre que podría estar listo inicie y escuche, estas no tienen que ser largas ni convertirse en oportunidades para que Ud. hable, las comunicaciones largas en ocasiones hacen que comiencen a ser evitadas.

- Agradezca al entrenador y a los árbitros por sus esfuerzos.
- Recuérdele a su hijo lo contento que está con él, sobre todo si él o el equipo perdió.

LA ETICA EN LA COMPETENCIA

- Inculcar que las reglas se respetan.
- El deportista debe valorar y reconocer al contrario porque lo ayudan a realizar lo mejor de sí mismo por lo que se le debe tratar con determinación y respeto.
- A los oficiales hay que respetarlos aunque no estemos de acuerdo con ellos.
- Nunca haga algo que avergüence a su hijo o al equipo dentro o fuera del campo.
- Mantener la conducta ética aunque los demás no lo hagan.

PUNTOS DE SEGURIDAD

- Antes de iniciar una actividad deportiva los jovencitos deberían de obtener una aprobación médica, por ejemplo unos pies planos o un problema de columna podrían agravarse con algunos deportes.
- Enséñeles a sus hijos la importancia de la hidratación, sobre todo cuando se hacen actividades físicas.
- La nutrición es un aspecto muy importante, la comida deberá ser balanceada y tomar en cuenta que las actividades deportivas, sobre todo cuando se alcanzan niveles competitivos, implican un gasto energético mayor lo que debe ser compensado porque incide en el rendimiento y la salud del joven.
- El equipamiento debe ser adecuado y seguro, deberá cuidar al joven de las acciones del juego, protegerlo de los cambios de temperatura y darle facilidad de movimientos. Debe enseñárseles a cuidar su equipo y utilizarlo solo para las actividades deportivas.
- Los padres deben tener un Kit de primeros auxilios a mano durante las actividades deportivas o ponerse de acuerdo con

otros padres para que esa dotación esté presente, también sería adecuado que alguien con conocimientos de primeros auxilios esté disponible.

CONVERSACIONES CON LOS ENTRENADORES

- Es importante animar a los jóvenes a plantearle a los entrenadores sus observaciones y desacuerdos, de manera respetuosa pero directa. Esto los enseñará en futuras situaciones de la vida fuera del deporte cuando deba establecer sus derechos.

- En el caso de un entrenador abusivo que humilla verbal y físicamente a los jóvenes los padres deben intervenir. En caso de que el joven tenga la suficiente edad para entender lo que ocurre, converse primero con él, si la situación lo amerita y aunque el hijo no lo desee, debe explicarle que es necesario que Ud. realice esa conversación.

- Para hablar con el entrenador debe tener claro los argumentos que va a emplear y no acercarse en el momento en que Ud. se encuentre molesto ni él se encuentre en situación de juego o competencia. Debería escribir lo que quiera decir con claridad y con ejemplos para tener sus ideas ordenadas, no significa que va a leer sus apreciaciones. Buscar un momento que permita el tiempo para conversar para no ser cortado porque el entrenador debe ir a trabajar, comer o cuando está rodeado de personas que tienen otros temas. No alterarse ni ser ofensivos ante conductas defensivas-agresivas, escuchar atentamente las explicaciones del entrenador sin perder de vista que, en la mayoría de las ocasiones, la forma de juzgar una actitud varía con el punto de vista del sujeto que la valora. En todo caso, si la argumentación no es satisfactoria debe dirigirse a autoridades superiores con la misma claridad en los planteamientos. Estas situaciones son generalmente muy incómodas, pero debe recordar que no solo está defendiendo a su hijo(a) sino a todo el equipo y a los futuros participantes en ese equipo.

CONDUCTAS PREVENTIVAS EN LAS RELACIONES CON EL ENTRENADOR

- Desde el primer momento haga contacto con el entrenador, preséntese Ud. mismo y ofrézcale apoyo para la mejor realización de la actividad.
- Si la actividad del entrenador le parece positiva hágaselo saber, esto lo complacerá y hará mejor su trabajo.
- No imparta instrucciones a su hijo(a) durante el entrenamiento o la competencia, esto lo distraerá y molestará al entrenador.
- Si tiene alguna observación que hacer no ponga a su hijo en el medio haciéndole comentarios descalificadores del entrenador. Busque la manera de comunicarse con el entrenador en "frio" y plantee sus puntos de vista.

CAPÍTULO 6

El Atleta

EL ATLETA

Podemos definir al atleta como aquel que ejecuta con dominio las acciones, conductas o habilidades que definen el deporte que practica. Sus características están dadas por el tipo de deporte, la edad, sexo, capacidades y habilidades motoras, factores de personalidad, etc., etc. Desde sus primeras incursiones en el mundo del deporte se convierte en el sujeto y el objeto, la célula, el eje sobre el cual giran todos los demás factores que hemos tratado en este libro y muchísimos más.

Como señalábamos en la introducción "El habitante de Sur África como el del Caribe o el europeo conoce y admira por igual a los grandes héroes deportivos de hoy, los que gracias a los sistemas modernos de comunicación han alcanzado la categoría de personajes mitológicos que encarnan el ideal humano en su más elemental expresión: la habilidad y la capacidad física. El campeón de nuestros días se revela como el sueño de millones de individuos de todo el mundo." Y son en muchos casos estos héroes los que determinan el gusto por un deporte en particular y el esfuerzo que los deportistas nóveles le imprimen a su práctica. Además, y esto hay que decirlo siempre, en múltiples ocasiones se convierten en fuente de salud emocional de naciones, regiones y familias cuando los problemas agobian a estos grupos sociales.

> Hay circulando en la red una foto fantástica en la que un gigantesco luchador de Sumo se encuentra en posición de inicio de combate, es decir, en cuclillas con taparrabo, las manos en el suelo y la cara con expresión guerrera muy cerca de la cara de su contrincante quien tiene la misma vestidura, posición y expresión facial solo que es un niño de no más de 10 años y muy delgado. Esta foto, aunque graciosa, en sentido estricto no es más que la de dos atletas realizando su deporte con idénticas formas de ejecución, por lo menos para ese momento.

¿Cómo se forma un deportista?

La mayoría de los jóvenes se inician en la práctica deportiva durante la vida escolar, otros dentro de los grupos deportivos de su vecindario o de núcleos como son los clubes sociales y deportivos. En todo caso además de las características individuales del principiante y sus gustos son los factores sociales como los padres, los entrenadores y otros miembros de su entorno los que determinaran la escogencia y su permanencia en la actividad.

¿A que nos referimos al decir las características individuales?

Son aquellas que lo distinguen como un sujeto distinto a otro. Estas son biológicas y psicológicas. Las biológicas pueden ser adquiridas o heredadas (fenotípicas o genotípicas) allí se incluyen todo lo referente a fuerza, resistencia, etc. o estatura, estructura corporal, etc., que de alguna manera facilitan la eficiente realización en el deporte. Por su parte las psicológicas pueden ser caracterológicas es decir pertenecen al individuo como un factor que le es propio y las aprendidas que son producto de sus interacciones con el ambiente. Del buen desarrollo de ambas características, biológicas y psicológicas y sus interacciones depende absolutamente el éxito en la adaptación del individuo a las exigencias de su entorno deportivo.

Pongamos un ejemplo para clarificar: Un jovencito de baja estatura y contextura delgada vive en un entorno flexible lo que le permite desde muy temprana edad, dentro de los límites normales de seguridad, ser autónomo en su desplazamientos, realizar conductas de cierta dificultad, aprender de sus errores que pudieran ser dolorosos, etc. Cuando llega a la edad de incorporarse a la escuela tiene la oportunidad de desarrollar más sus capacidades motoras e interactuar con otros sin mayores inconvenientes más que los que sus limitaciones de estructura física podrían presentarle y las que seguramente compensará con conductas alternativas. Por otro lado tenemos a otro jovencito de crecimiento y contextura superior al promedio de su edad, pero que vive en un ambiente restringido que no le permite mayores posibilidades para su autonomía motora, posiblemente por una concepción de protección exagerada de parte de su familia, lo que puede traducirse en conductas tímidas, poco audaces y de mucho cuidado en su relación con el ambiente. Cuando llega la edad de incorporarse a la escuela o cualquier otro grupo social, a menos que tenga la suerte de conseguir un entrenador o un maestro consciente que lo guíe con inteligencia, desarrollará una conducta melindrosa, evasiva del contacto con sus compañeros que limitará sus capacidades de afirmación dentro de su grupo social en todo aquello que implique actividad motora en la que tenga que mostrar competencia en relación a otros, que en los jóvenes es casi su cien por ciento y que pudiera generalizarse a otros ámbitos de su vida.

Veroff (Weinberg, Goul 1995) realiza una aproximación a esta situación y establece tres etapas en el desarrollo de la motivación: fase autonómica, fase de comparación social y fase integrada. Del éxito de las dos primeras dependerá la última que corresponde al sujeto desarrollado. En la fase autonómica el niño establece sus estándares de metas, lanza la pelota o el objeto que tenga a mano a cierta distancia y tratará de hacerlo más lejos o más alto según su propio criterio, querrá subirse en los muebles o lo que encuentre en el patio de su casa, se caerá y volverá a intentarlo y las limitaciones solo las impondrán sus padres quienes según sus valoraciones y creencias serán más flexibles y le permitirá tomar mayores riesgos o serán más protectores y lo coartarán en mayor o menor medida. En la segunda fase el sujeto se integra al ambiente escolar en donde los estándares estarán impuestos por otros y deberá aprender a rendir bajo esas condiciones de comparación social. Finalmente la fase de integración en la que se plantean metas personales o de su grupo social dependiendo de las características de la situación. Pero no siempre los sujetos superan las fases de la misma manera, algunos no logran determinarse tareas de logro que no sean competitivas, otros pueden ser muy exitoso en tareas que no impliquen competencia y evitan la comparación y aquellos que trabajan con igual empeño tanto en tareas competitivas como no competitivas. También se da el caso de aquellos que convierten la comparación social en un elemento de proyección de su ego y se vuelven unos supercompetidores orientados a la rivalidad.

Otra aproximación a la conducta de los jóvenes en el campo del deporte hace énfasis en las características individuales y las relaciones con los entornos deportivo y no deportivo.

¿A qué llamamos un entorno?

A un espacio social, físico, psicológico y biológico con el que los individuos que hacen vida en él interactúan y que afecta y se ve afectado por las características de estos individuos y de las interacciones que se producen.

¿Qué conforma el entorno deportivo?

Los entrenadores, los compañeros de equipo, los miembros de otros equipos, los jueces y árbitros, el tipo de deporte que implica las instalaciones, los materiales y equipos, las condiciones reglamentarias, las exigencias físicas, biológicas y psicológicas de la disciplina deportiva, el público y los padres.

¿Qué conforma el entorno no deportivo?

La visión con que los padres y el resto de la constelación familiar enfocan las exigencias del deporte, los compañeros de estudio, los amigos, la visión con que la escuela asume la actividad deportiva de los estudiantes, etc.

¿Cómo se crea el compromiso del jovencito con el entorno deportivo?

El compromiso deportivo es entendido como "una disposición psicológica que representa el deseo y la decisión de seguir participando en el deporte.... y vendrá determinado por el grado de diversión que obtiene el deportista de la participación deportiva, las inversiones personales, las oportunidades de implicación y las coacciones sociales, además de la influencia de las alternativas de participación y el apoyo social ...... una amplia variedad de factores, como sociales, psicológicos, culturales y situacionales han sido sugeridos como antecedentes del compromiso deportivo...... y es por ello que resulta de vital importancia estudiar cómo éstos aspectos influyen en el compromiso deportivo de los jóvenes, facilitando su participación dentro de la actividad físico-deportiva." (Leo, Sánchez, Sánchez, Alonso, García. 2013)

Reunión del psicólogo con una joven de 12 años practicante del tenis de campo.

P: Me han dicho los entrenadores que tú tienes muy buenas condiciones para jugar tenis, pero que no las aprovechas. ¿Qué piensas tú de eso?

A: ¿Dicen eso? No sé por qué, yo hago todo lo que me indican.

P: Si pero según ellos lo haces sin ánimo, te distraes frecuentemente pero como tienes buenas condiciones te salen bien las jugadas, pero podrías ser muchísimo mejor.

A: Es que los entrenamientos son muy fastidiosos, a mi lo que me gusta es jugar partidos no esa repetición y los ejercicios, es muy aburrido.

P: Pero a ti te gusta el tenis y si no entrenas no aprendes y no mejoras tu juego.

A: A mí me gusta también el baloncesto, en el colegio jugamos mucho y es divertido. Lo que pasa es que mi mamá quiere que haga solo tenis y a mi no me gusta así.

Esta atleta en el momento de la entrevista estaba entre las 20 mejores del país.

Reunión del psicólogo con un entrenador de Futbol de Sala.

E: ¿Mi problema? Tengo un jovencito súper disciplinado, es el alma del equipo, anima a todos, llega a tiempo, entrena con intensidad, adora el futbol me cae buenísimo....

P: ¿Y?

E: ¿Y? Que es malísimo, tiene una pésima coordinación y una anticipación peor y este es un juego muy rápido, lo peor es que yo siempre le he dicho al equipo que más importante que jugar bien es la disciplina porque este es un deporte de equipo por lo que la asistencia, participación, interés y compañerismo son determinantes para estar en juego, pero ponerlo a jugar crea un desequilibrio enorme además que sufre muchísimo y se siente peor por los errores, pero al siguiente entrenamiento como si nada dándole con todo, nadie quiere que se vaya pero nadie lo quiere en los juegos. ¡AUXILIO!

¿Cuáles características de los deportistas interaccionan con el Entorno Deportivo?

- **Edad, Crecimiento y Desarrollo**: Porque la edad y el nivel de crecimiento y desarrollo de los sujetos facilitará o entorpecerá la adaptación a las exigencias características de cada disciplina deportiva. Factores como la estatura que se asocia al peso y volumen corporal, la fuerza, la velocidad, la agilidad, la coordinación, la flexibilidad. etc., tendrán una influencia importante en la facilitación del aprendizaje y en la ejecución exitosa lo que afectará aspectos como la autoimagen y la autoestima. Es frecuente que sujetos con un crecimiento y desarrollo por encima o por debajo del percentil de su edad, producto de la alimentación, las costumbres familiares o la herencia se vean en situaciones de ventaja o desventajas que condicionan la forma como los entrenadores y sus compañeros interactúan con ellos.

- **El Sexo**: La mayoría de las niñas hasta más o menos los 13 años tienen factores de crecimiento y desarrollo mayor o igual a los niños y su desenvolvimiento en las actividades deportivas, en muchas ocasiones, resulta en un mejor rendimiento. A estas edades la actitud de los padres y entrenadores está todavía muy en función de la actividad física como un factor coadyuvante en la formación del niño/a y la percepción de los sujetos como atletas de rendimiento, salvo casos muy especiales, es la de proyección y preparación para su desarrollo como competidor a futuro. Es a partir de los 13 y 14 años en que la brecha del rendimiento empieza abrirse debido sobre todo a que algunos factores físicos, sociales y psicológicos cambian radicalmente. El niño se hace más fuerte y rápido, más agresivo y la forma de ejecutar las acciones deportivas varían considerablemente en relación a las niñas. En algunos entrenadores también ocurre una transformación notable entre otras que el deporte de las jóvenes ya no es tan interesante, por lo tanto prefieren entrenar a los jóvenes y sus comentarios descalificadores hacia el deporte femenino crea sentimientos de frustración; no entienden que el deporte femenino es otro deporte ni mejor ni peor sino con objetivos y abordajes diferentes y ofrece un campo muy interesante. En la adolescencia los cambios hormonales provocan variaciones físicas y psíquicas en los jóvenes que favorecen las actitudes de rivalidad y competencia de manera natural, en las jóvenes las variaciones son totalmente distintas y sus intereses apuntan a querer ser mejor pero no en factores como la fuerza y la dureza, esa conciencia de la necesidad de desarrollar estos factores físicos y psíquicos como herramientas para ser mejores en el deporte hay que trabajarla de manera distinta a como se logra con los varones. Las niñas, en algunas disciplinas deportivas, alcanzan la especialización a muy temprana edad lo que en ocasiones acarrea que las exigencias deportivas afecten aspectos sociales y emocionales por lo que el abordaje psicológico y pedagógico debe ser cuidadoso.

- **La Inteligencia**: El deporte es un campo especialmente rico para aplicar los conceptos de la Teoría de las Inteligencias Múltiples de Howard Gardner (1983), los atletas desarrollan capacidades para resolver situaciones de muy compleja dificultad que se presentan en el juego y, aún en un mismo deporte, la capacidad para tomar decisiones eficientes varía. Las inteligencias que se desarrollan con más intensidad son la corporal cinestésica y la espacial que implican el conocimiento y mejor manejo de las capacidades físicas y motoras y la de visualizar objetos en el espacio. Es interesante señalar algunas situaciones que se presentan con relativa frecuencia como las de jóvenes con las condiciones de crecimiento y desarrollo ideal para una especialidad deportiva y que son incapaces de emitir las conductas adecuadas en los momentos en que son requeridas o, por el contrario, sujetos que aparentemente por sus condiciones físicas están en desventaja y son capaces de compensar su limitación desarrollando respuestas inteligentes y utilizando otras capacidades. Es cierto que cuando alcancen categorías superiores deberán ser realmente muy buenos para destacarse de manera importante porque deberán enfrentar a otros tan inteligentes como ellos y con las capacidades exigidas; pero en las edades infantiles y juveniles hay que prestarles atención y cuidar que, por ejemplo, la estatura no sea un factor de exclusión.

¿Cuáles características de los deportistas interaccionan con el Entorno No Deportivo?

- **Edad y Sexo**: Como señalábamos hasta más o menos los 12 años las diferencias de rendimiento entre sexos en la actividad física no es notable, salvo algunos deportes de especialización temprana los intereses de los jóvenes y sus padres se mantienen en un punto más cerca al desarrollo y la recreación y, por tanto, las exigencias físicas y deportivas no tienen un peso suficiente como para que interfiera de forma importante las relaciones sociales, escolares y familiares de los atletas. Pero a partir de estas edades ya se marca una diferencia en la conducta de los deportistas, primero se hace un cambio entre los que hacen deporte para socializar o por razones de salud y formación de aquellos que se convertirán en competidores. Este nuevo estatus afecta las relaciones de los sujetos con su entorno de forma notable comenzando por, salvo que se encuentre en una organización donde el deporte es recreativo, los entrenadores dedicarán más atención a los competidores y esto implica que le exigirán tiempo y esfuerzo en un momento en el que los jóvenes están en plena efervescencia hormonal y de reacomodo de sus relaciones sociales y escolares. La inadecuación que crea no interactuar con amigos de su edad fuera del deporte por tener su tiempo cubierto con entrenamientos y competencias más, en el caso de las jóvenes, los cambios físicos por hipertrofia que implica los altos niveles de exigencia deportiva alimentan todos los estereotipos existentes y afectan la autoestima lo que, en ocasiones, obliga a esta población a limitar su ambiente social a los compañeros de equipo, excluyéndose de toda la rica experiencia que brindan las interacciones personales variadas que se suceden en estas etapas.

- **La Inteligencia:** La inteligencia en niños y jóvenes que son los que nos interesan en estas reflexiones se mide generalmente por los resultados escolares y para el caso de los que realizan deporte competitivo, la situación del rendimiento académico puede ser muy complicada por razones que no tienen nada que ver con la capacidad intelectual. Pongamos un ejemplo con dos deportes cuyos horarios de entrenamiento son similares, natación y tenis. Generalmente los entrenamientos son en las tardes a partir de las 4pm más o menos porque para primaria y secundaria los horarios de clases son regularmente en la mañana y los estudiantes finalizan sus actividades escolares entre 1 pm y 2 pm. Eso significa que los deportistas tienen entre 2 y 3 horas para almorzar, descansar, uniformarse y llegar al sitio de entrenamiento; éste dura 3 horas promedio en período normal y puede duplicarse en períodos competitivos y al final, muy cansados, deben ir a su casa asearse, cenar y hacer las tareas o estudiar cuando hay exámenes. Su rendimiento escolar va a ser evaluado igual que a los otros niños sin esas responsabilidades y tiempo para estudiar. Eso ha permitido que en ocasiones los rendimientos no sean óptimos lo que alimenta también el estereotipo de la baja capacidad intelectual de los deportistas.

Hay para todo….

Madre: Necesito que mi hija tenga una consulta con Ud.

P: Con gusto ¿Ocurrió algo inusual?

Madre: ¿Ud. conoce a mi hija?

P: Si es una buena deportista, muy seria y responsable. ¿Qué le ocurre?

Madre: Ocurre que desde que llegó a la secundaria le ha impresionado mucho los cambios de profesores y la forma en que se llevan los estudios.

P: Y eso ha afectado su rendimiento escolar.

Madre: No al revés eso ha afectado su dedicación al deporte, quiere ocupar todo su tiempo solo en estudiar y hemos gastado mucho tiempo y esfuerzo para que afloje ahora.

P: Es decir el problema es que estudia mucho.

Una muy interesante teoría acerca de las motivaciones humanas que podemos utilizar para explicar y abordar las conductas de los jóvenes deportista es la de la Autodeterminación de Necesidades (Decy 1980).

Esta teoría se propone que los individuos en su relación con el ambiente necesitan:

- Sentirse competentes (capaces de realizar conductas eficaces)
- Ser autónomos (poder tomar las decisiones que consideren necesarias)
- Sentirse pertenecientes y reconocidos en su grupo social.

El fracaso en la satisfacción de esas necesidades podría ser motivo de riesgo físico y emocional

La Autonomía fracasa por:

Los Entrenadores

Son excesivamente directivos
No permiten la creatividad
No respetan la especificidad
No proveen realimentación positiva
No reconocen las limitaciones y las fortalezas
No llevan controles individuales

Los Padres

Se suponen técnicos
Establecen lineamientos de conducta que interfieren en el entrenamiento
Proveen poca realimentación positiva

La Competencia fracasa por:

Los Entrenadores:

Centrados en el resultado y no en el proceso
Desconocimiento de la fisiología de niños y jóvenes (sobrecargas)
Desconocimiento de la pedagogía deportiva
Promotores de las tendencias al ego (abordaje de la conducta deportiva en función de sus únicos intereses en detrimento del equipo)

Los Padres

Centrados en el resultado y no en el proceso
Promotores de las tendencias al ego
Propician la sobrecarga con su propia agenda de preparación

Las Relaciones Sociales fracasan por:

Los Entrenadores

No promueven la comunicación con el grupo ni intragrupo
No brindan reforzamientos positivos ante las tareas grupales
No reconocen los aciertos individuales
No promueven climas de cooperación
No promueven la identificación como grupo y el sentido de pertenencia
No promueven el conocimiento y el respeto a las normas
Promueven las tendencias al ego

Los Padres

Promueven la orientación al ego tanto con otros equipos como con sus compañeros
Promueven romper con el juego limpio
Promueven la desconfianza con sus compañeros y con el entrenador

A lo largo de este trabajo hemos sido recurrentes con la necesidad de centrarse en el proceso y no en los resultados. No significa que los resultados no sean importantes, más, si como señalamos, estos califican la definición de deporte, pero en el momento de ejecutar una acción competitiva lo importante es la acción en sí no los resultados mediatos. ¿Qué es un resultado mediato? Por ejemplo: ¿Qué va a pasar con el juego sí fallo?, ¿Qué pensaran mis padres, mis compañeros o mi entrenador si fracaso? Un entrenador que logra que sus pupilos se concentren en mantener el entusiasmo no importa si por momentos las acciones no sean exitosas seguramente obtendrá mejores resultados, porque él sabe que ganar o perder depende de muchas variables que no se pueden controlar, una decisión arbitral por ejemplo, pero dar el máximo y tratar de hacerlo bien si está bajo control y se entrena para ello. El lanzador Mariano Rivera ha sido el salvador de juegos para los Yankees de Nueva York por muchos años y es de los mejores de la historia del béisbol. Cuando a Mariano lo llaman para que resuelva en un momento decisivo del último inning del juego final de la Serie Mundial, él está clarísimo de su responsabilidad, pero en el momento de enfrentar al bateador su preocupación es cómo trabajarlo para que falle, de desarrollar su habilidad, del proceso de la jugada y debería hacerlo igual que si estuviese en la mitad del juego, mientras las preocupaciones por el resultado final crezcan y se atraviesen en su concentración las probabilidades de hacerlo mal crecerán.

Resultados del fracaso en satisfacer las necesidades psicológicas

- Amotivación (Markland, Tobin 2004,)
- Falla la autoficacia
- Baja autoestima
- Depresión y abandono de la actividad
- Conductas moralmente cuestionables
- No se asumen responsabilidades
- No hay autocritica

- La actividad se vuelve fuente de ansiedad
- Se resiente el camino a la maestría
- Se producen lesiones físicas y emocionales que afectan su vida no deportiva

Este último punto es de importancia capital porque el deporte supone formación física, psicológica y moral, tanto así que es una valiosa herramienta contra la delincuencia en cualquiera de sus formas. Cuando por razones no atribuibles a la actividad en sí se producen resultados no deseados, estos pueden ser muy profundos y comprometer áreas no deportivas de la conducta social del individuo, como se señaló, el deporte compromete la emocionalidad y la autoestima y en los jóvenes estas tienen importancia capital.

Una de las tareas más importantes de la Psicología en el deporte es elaborar estrategias de apoyo a todos los que interactúan en este campo, especialmente los jóvenes deportistas, para que puedan relacionarse, tanto con el ambiente deportivo como el no deportivo, de manera exitosa. No solamente los sujetos de alta eficacia sino también con los jovencitos en desarrollo para que en caso de no alcanzar altas cotas de rendimiento sus esfuerzos resulten fructíferos para ellos como individuos.

CIERRE

Hemos realizado un vuelo en globo sobre el extraordinario mundo del deporte y los deportistas en sus etapas tempranas, aunque muchas de las apreciaciones aquí expresadas son válidas también para el deporte más avanzado. Estas observaciones son producto de la experiencia profesional de muchísimos psicólogos y la mía propia en el esfuerzo de darle coherencia y sistematicidad a las situaciones más frecuentes en el proceso de la formación deportiva.

La intención fue elaborar una guía para los actores de la preparación deportiva que colaborara en el desarrollo sano e inteligente de los niños y jóvenes que incursionan en este campo tan rico en experiencias y vivencias.

Quienes hemos tenido la suerte de ver tantas veces la cara radiante de un niño o niña en el momento en que por primera vez le pega a una pelota con su bate en un campo de béisbol o camina en fila disciplinadamente en su malla para iniciar sus primeros pasos gimnásticos o muy serio saluda a un sensei en sus primeras clases de artes marciales, sabemos lo valioso que estas actividades pueden ser y lo importante de cuidar su buen desarrollo.

Copio aquí las palabras con que termina la introducción del libro "Este texto hace una aproximación psicológica al deporte desde la perspectiva de la tríada de actores que conforman el núcleo de su realización en los niveles de iniciación y desarrollo: **los entrenadores, los padres y los atletas**. Partimos de la premisa que solo la buena interrelación de estos logrará que los deportistas en formación puedan realizarse y alcanzar los objetivos educativos, sociales, de salud y deportivos que motivaron su incorporación a la actividad.

Este enfoque, sin ser exhaustivo, pretende que las vivencias maravillosas que brinda el deporte puedan ser disfrutadas en toda su plenitud por los participantes, tanto los que ejecutan como los que lo acompañan en la tarea, si se logra aunque solo sea para despertar el interés habrá valido la pena el esfuerzo".

BIBLIOGRAFÍA

1. Balaguer, Isabel 1994. Entrenamiento Psicológico en el Deporte. Valencia. Albatros Educación.
2. Chelladurai, P. 1995. Leardership and Satisfaction Athletics. JSP. 276-293. Human Kinetics Inc., Champaign, Illinois.
3. Côté, J. 1999. The influence of the family in the development of talent in sport. The Sport Psychologist. Human Kinetics Inc., Champaign, Illinois.
4. Crespo, M., Machar, R., Quinn, A.2006 Tennis Psycology. España. ITF. Ltd
5. Deci, E. L. 1980. The psychology of self-determination. Lexington, MA: Lexington Books.USA
6. Francisco M, Leo M, Sánchez M, Sánchez D, Alonso D, García T. Interacción de los niveles de cohesión en el grado de compromiso de jóvenes futbolistas. Recuperado Enero 2013. Web https:// dialnet.unirioja.es/descarga/ articulo/3685998.
7. Gardner, Howard. 1995. Inteligencias Múltiples. La teoría en la práctica. Ediciones Paidós Ibérica.
8. Gill, Diane 1986. Psychological Dinamics of Sport. Human Kinetics Inc., Champaign, Illinois.
9. González J, Domínguez M.2009. El rol de la familia de los boxeadores escolares del alto rendimiento de la categoría 13 y 14 años. Recuperado el 20 noviembre 2014 de http://www.efdeportes.com/ Revista Digital - Buenos Aires - Año 14 - Nº 132 - Mayo de 2009
10. Horn, T. 1992. Advances in Sport Psychology. Human Kinetics Inc., Champaign, Illinois.
11. Huizinga, J.1972. Homo Ludens. Madrid. Alianza Editorial

12. Liberty Mutual. 2010. Guide to Positive Sport Parenting. Recuperado Diciembre 2012 Web https://play-positive.libertymutual.com/parenting

13. Lopez, R. 1987 Congreso de la Juventud. Publicaciones del Ministerio de la Juventud. Caracas.

14. Lopez, R. 2012. Cursos de Actualización para Entrenadores. Escuela Nacional de Tenis. Guía para entrenadores. FVT. Caracas

15. Markland, D., Tobin, V. 2004. A Modification to the Behavioural Regulation in Exercise Questionnaire to Include an Assessment of Amotivation JSEP Volume 26, Human Kinetics Inc., Champaign, Illinois.

16. Martens, R. 1997. Successful Coaching. Human Kinetics Inc., Champaign, Illinois.

17. Martens, Rainer.1987. Coaches Guide to Sport Psychology. Human Kinetics Inc., Champaign, Illinois.

18. Martens, R., Christina, R., Harvey, J., Sharkey, B. 1981.Coaching Young Athletes. Human Kinetics Inc., Champaign, Illinois.

19. Reeve, J. (2003). *Motivación y Emoción*. México D. F., México: Mc. Graw Hill.

20. Weimberg, Robert. 1992. Goal setting and motor performance. En Glyn, Roberts.Motivation in Sport Psychology (pp.177- 197) Human Kinetics Inc., Champaign, Illinois.

21. Weimberg, R., Goul, D. 1995 Foundations of Sport and Exercise Psychology. Human Kinetics Inc., Champaign, Illinois.

www.ingramcontent.com/pod-product-compliance
Lightning Source LLC
Chambersburg PA
CBHW050431290526
45786CB00003B/1490